www.sachildrensbooks.com
Copyright©2014 by Inna Nusinsky Shmuilov
innans@gmail.com

All rights reserved. No part of this book may be reproduced in any form or by any electronic or mechanical means, including information storage and retrieval systems, without written permission from the publisher or author, except in the case of a reviewer, who may quote brief passages embodied in critical articles or in a review.

Tous droits réservés. Aucune reproduction de cet ouvrage, même partielle, quelque soit le procédé, impression, photocopie, microfilm ou autre, n'est autorisée sans la permission écrite de l'éditeur.

First edition, 2015

Translated from English by Sarah Dugloud

Traduit de l'Anglais par Sarah Dugloud

I Love to Go to Daycare (French Edition)/ Shelley Admont
ISBN: 978-1-77268-126-0 paperback
ISBN: 978-1-77268-506-0 hardcover
ISBN: 978-1-77268-125-3 eBook

Although the author and the publisher have made every effort to ensure the accuracy and completeness of information contained in this book, we assume no responsibility for errors, inaccuracies, omission, inconsistency, or consequences from such information.

À ceux que j'aime le plus – S.A.

Jimmy était allongé sur son lit, serrant dans ses bras son ours en peluche favori. Il essayait de dormir, mais quelque chose le préoccupait et le gardait éveillé.

Il sortit du lit et alla voir ses parents.

En bas dans le salon, sa maman et son papa regardaient la télévision. Avec son ours toujours à ses côtés, Jimmy s'assit sur les genoux de Maman.

— Maman, je n'arrive pas dormir, dit-il.

Maman ébouriffa ses cheveux et lui fit un bisou.
—À quoi penses-tu ?

—Je pense à la crèche, murmura-t-il en serrant très fort sa Maman.

— Oh, chéri, la crèche est si amusante ! dit Maman.

— Tu vas rencontrer de nouveaux amis là-bas, ajouta Papa. En fait, c'est tellement amusant que j'aimerais bien pouvoir y aller aussi !

— Je peux rester à la maison avec toi ? demanda Jimmy. Sa tête tomba sur l'épaule de Maman.

Maman caressa sa tête, en le regardant droit dans les yeux.

— Que penses-tu de ça, dit-elle. Puisque c'est ton premier jour à la crèche, tu y resteras seulement pour deux heures. Après, je viendrai te chercher pour te ramener à la maison. Mais je suis sûre que tu t'amuseras tellement que tu ne voudras même plus partir.

— Tu sais quoi ? dit Papa. Tu peux même emporter ton ours en peluche avec toi. Ça te convient, champion ? Jimmy hocha de la tête.

— Oh, tu es un garçon si grand et intelligent, roucoula Maman, en l'embrassant sur le front. Je suis sûre que tu es fatigué. Allons au lit.

Elle guida Jimmy à sa chambre et le borda. Puis, elle lui fit un bisou et murmura à son oreille: « Je t'aime, chéri. »

— Je t'aime aussi, Maman, dit Jimmy. Avec un gros bâillement, il étreignit son ours en peluche et ferma ses yeux.

Jimmy était presque endormi quand il entendit une étrange voix: « Salut, Jimmy ! »

Il ouvrit ses yeux, regardant autour de lui.
— Qui me parle ? murmura Jimmy.

— C'est moi, ton ours en peluche !

Étonné, Jimmy regarda plus bas. L'ours en peluche fit signe de la main et sourit.

— J'ai vu que tu étais préoccupé, dit l'ours en peluche.

Jimmy poussa un profond soupir.
— Oui, je vais à la crèche demain, marmonna-t-il.

— Jimmy, mon ami, mais je viens avec toi ! L'ours en peluche lui fit un clin d'œil et son plus grand sourire d'ours en peluche.

Jimmy le regarda sauter, applaudir et bondir en riant.

— Chuuuut, murmura l'ours en peluche. Il montra du doigt les deux grands frères de Jimmy, qui dormaient dans leurs lits.

Il sauta dans les bras de Jimmy et se blottit contre lui.

— Bonne nuit, mon ami !

Le lendemain matin, ses deux grands frères sautèrent du lit et allèrent près de Jimmy.

— Aujourd'hui est ton premier jour de crèche. Tu as trop de chance ! dit son frère aîné.

Jimmy était excité mais un petit peu inquiet.
— J'y vais seulement pour deux heures aujourd'hui, murmura-t-il. Ça fait beaucoup ?

— Pas vraiment, dit l'ainé.
— Tu ne resteras même pas pour la sieste, ajouta le cadet.

Durant le petit déjeuner Jimmy fut très silencieux.
— Tu es prêt à y aller, Jimmy ? demanda Maman, après qu'il eût fini son assiette.

— Je crois, répondit-il en regardant son ours en peluche.

Ce dernier lui fit un grand sourire et Jimmy se sentit beaucoup mieux.

Il prit son ours en peluche dans une main et celle de Maman dans l'autre et ils partirent.

— Tu vas aimer ça, mon cœur, dit Maman pendant qu'ils marchaient. Et je serai de retour dans deux heures, juste après le goûter.

— Je sais, Maman. Je vais bien. J'ai mon ours en peluche avec moi. Jimmy fit un clin d'œil à son ours.

— Je suis si fière de toi, mon grand garçon, dit Maman pendant que les deux se dirigeaient vers la porte de la crèche.

Maman tapa deux fois, et une femme apparut à la porte.

— Bonjour, Jimmy, dit la dame. Vas-y entre !

— Comment me connaît-elle ? murmura Jimmy à sa maman.

Maman sourit.
— Je l'ai appelé avant pour lui dire que nous venions.

Il y avait beaucoup d'autres enfants ici. Certains jouaient avec des voitures, et d'autres avec des poupées.

— Allons nous amuser. Viens, Jimmy ! dit l'ours en peluche. Souriant, Jimmy se tourna vers Maman.

— Va t'amuser, chéri, dit-elle. Je viendrai te chercher juste après le goûter.

— Je m'en souviens. Au revoir, Maman ! cria Jimmy en courant pour aller jouer avec un gros camion.

Après deux heures, Maman revint à la crèche pour récupérer Jimmy. Il courut vers elle et lui fit un très gros câlin.

— Maman, c'était super amusant ! cria-t-il. J'ai joué avec un gros camion, et ensuite j'ai peint tout seul une fleur pour toi !

Maman sourit gentiment.
— Elle est très jolie. Qu'as-tu fait d'autre aujourd'hui ?

— La maîtresse nous a lu un livre, et après nous avons goûté. C'était délicieux, dit Jimmy d'une seule traite, bondissant à coté de Maman.

Je peux rester plus longtemps demain? S'il te plaît, Maman !

Le jour suivant, il resta plus longtemps. Et le jour d'après il resta encore plus longtemps.

Maintenant, Jimmy passe toute la journée à la crèche et s'y amuse beaucoup ! Il adore jouer et peindre, écouter des histoires et manger.

Il est aussi content quand c'est l'heure de la sieste, comme ça il peut rester un peu plus.

Parfois Jimmy n'emmène pas son ours en peluche avec lui.

Mais lorsqu'il revient de la crèche, Jimmy lui raconte tout sur sa journée.

www.ingramcontent.com/pod-product-compliance
Lightning Source LLC
LaVergne TN
LVHW072010060526
838200LV00010B/325